DÉCRETS DU 22 JANVIER.

BIENS

DE LA

MAISON D'ORLÉANS.

CONSEIL D'ÉTAT.

(CONTENTIEUX.)

QUESTION DE CONFLIT.

PLAIDOIRIE DE Me PAUL FABRE.

PARIS,

IMPRIMÉ PAR HENRI ET CHARLES NOBLET,

RUE SAINT-DOMINIQUE, 56.

1852

DÉCRETS DU 22 JANVIER.

BIENS

DE LA

MAISON D'ORLÉANS.

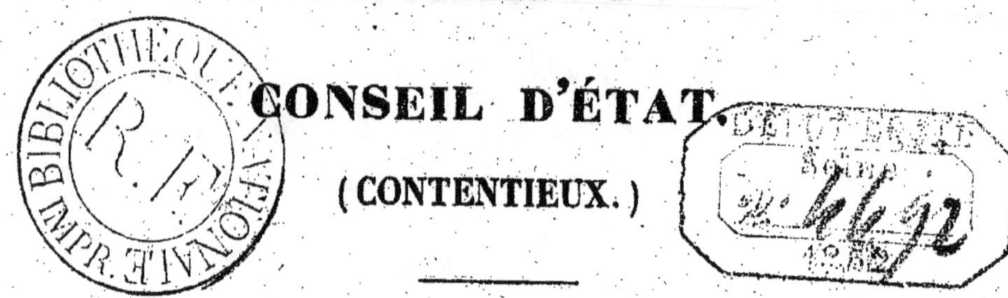

CONSEIL D'ÉTAT.

(CONTENTIEUX.)

QUESTION DE CONFLIT.

PLAIDOIRIE DE Mᵉ PAUL FABRE.

CONSEIL D'ÉTAT.

(CONTENTIEUX.)

PRÉSIDENCE DE M. BAROCHE.

SÉANCE PUBLIQUE DU 15 JUIN 1852.

A onze heures, les portes de la salle des séances publiques du Conseil d'Etat sont ouvertes. La salle est aussitôt remplie.

On remarque la présence de MM. de Montalivet, Dupin aîné, le duc de Montmorency, Scribe, exécuteurs testamentaires du feu roi Louis-Philippe ; de MM. Odilon Barrot, Paillet, etc.

MM. Mathieu Bodet et Paul Fabre, avocats au Conseil d'État, sont assis à la barre.

Le siège du ministère public est occupé par M. Maigne, maître des requêtes, commissaire du Gouvernement.

Le Conseil d'Etat est appelé à statuer sur le conflit élevé par M. le Préfet de la Seine contre le jugement du 23 avril 1852, par lequel le tribunal de la Seine a retenu la connaissance de la demande formée contre le domaine par les membres de la famille d'Orléans (1).

Après un rapport très-complet de M. Cornudet, conseiller d'Etat, lequel expose les faits qui ont amené le conflit, la parole est donnée à M⁰ Paul Fabre.

M⁰ PAUL FABRE.—Messieurs, c'est une simple question de compétence que vous avez à résoudre, et, cependant, cette cause tient en éveil l'attention publique et remue tous les sentiments du pays.

D'où vient cela ? Pourquoi, dans votre audience, ordinairement si paisible, cette affluence inusitée ? Est-ce seulement la dignité des personnes qui élève cette cause, est-ce même seulement le noble intérêt que tout cœur bien placé accorde à des

(1) Ce jugement est ainsi conçu :

« Attendu que les membres de la famille d'Orléans procèdent comme « propriétaires des domaines de Neuilly et de Monceaux, soit en vertu de « la donation du 7 août 1830, soit en qualité d'héritiers de leur père, et « pour partie, de la princesse Adélaïde, leur tante, soit en vertu d'une » jouissance prolongée pendant plus de vingt ans et pouvant fonder la « prescription ;

« Attendu que leur action a pour objet la propriété de ces deux do-« maines ;

« Attendu que les tribunaux ordinaires sont exclusivement compé-« tents pour statuer sur les questions de propriété, de validité de con-« trats, de prescription ;

« Que ce principe a toujours été appliqué, aussi bien à l'égard de l'Etat « qu'à l'égard des particuliers ;

« Qu'ainsi au tribunal seul il appartient d'apprécier les titres des par-« ties, et d'appliquer la loi aux faits qui donnent lieu au procès.

« Se déclare compétent :

« Retient la cause, et, pour être statué au fond, continue à quinzaine « et condamne le Préfet de la Seine aux dépens de l'incident. »

proscrits politiques, à des proscrits qui n'ont rien fait pour l'être?

Non, Messieurs, il y a au fond de cette émotion générale autre chose encore, il y a l'intérêt mêmes de la question. Ordinairement les arrêtés de conflit vous demandent de donner au litige tel juge au lieu de tel autre, celui-ci vous demande de refuser tout juge à notre réclamation!

Or, il y a dans cette pensée, qu'un droit frappera vainement à toutes les portes, et que celles mêmes qui voudraient s'ouvrir pour lui seront condamnées à rester fermées; il y a, Messieurs, quelque chose qui, en tout temps, a profondément troublé la conscience publique. C'est l'excommunication du moyen âge, s'adressant à un droit au lieu de s'adresser à un homme; c'est un droit brisé, car là où il n'y a plus de juges, il n'y a plus de droit.

Or, Messieurs, de toutes les dettes d'un Gouvernement envers le pays, la plus sacrée, c'est la justice : c'est à l'exactitude avec laquelle il acquitte cette première de toutes ses dettes, qu'un peuple, sous quelque régime qu'il vive, mesure la bonté de son Gouvernement. Il l'attend, pour ainsi dire, au premier litige qui le mettra en présence d'un citoyen lui disputant son champ ou sa maison... Si le Gouvernement laisse à la justice son libre cours, l'épreuve est faite, il sera juste toujours. A ce que justice se fasse, un particulier peut perdre sa fortune, un Gouvernement fait toujours la sienne : alors même qu'il est condamné, il gagne plus qu'il ne perd, car, ce qu'il perd, c'est quelque chose de son trésor, et ce qu'il gagne, c'est la foi du peuple dans le jeu d'institutions fonctionnant avec indépendance; c'est l'estime et le respect du pays, cette vraie force, ce vrai trésor des Gouvernements.

Tous les grands princes l'ont compris; et l'un des plus grands avait raison de se sentir grandi encore par la menace que son voisin lui faisait dès juges de Berlin.

Il s'agit donc ici d'un conflit exceptionnel, et, à ce titre, nous osons réclamer du conseil l'attention à laquelle sa bienveillance nous a depuis longtemps accoutumé.

Je ne dirai que peu de mots des faits. Le rapport si complet que vous venez d'entendre a singulièrement abrégé ma tâche sur ce point.

Vous connaissez l'origine des biens que l'on prétend saisir aujourd'hui sur la famille d'Orléans. Cette origine est toute patrimoniale; parmi ces biens, il n'en figure aucun qui ait jamais fait partie de l'apanage. L'apanage qui avait été donné, en 1661, par Louis XIV à son frère Philippe d'Orléans, en paiement de la légitime à laquelle il avait droit dans la succession de Louis XIII, leur père commun, a fait retour à l'État en 1830, et la maison d'Orléans n'en a rien gardé.

Ce qu'on lui dispute aujourd'hui, c'est ce qu'elle possède au même titre que vous et moi, c'est ce qu'elle possède comme les particuliers possèdent, c'est une fortune qui lui vient de l'héritage du duc de Penthièvre, c'est-à-dire une fortune qui n'est pas sacrée seulement par son titre patrimonial, mais qui l'est encore par le souvenir d'une bienfaisance tellement exceptionnelle, que la mémoire en est restée dans le cœur des pauvres; c'est une fortune dont l'autre élément tient à des acquisitions qui ont été faites par Louis-Philippe, qui ont été payées de ses deniers, qui ont été pour la plupart opérées à la barre des tribunaux, de telle sorte que le prix en a été distribué aux créanciers de son père.

Neuilly et Monceaux en particulier.

Neuilly! il a été acheté, vous le savez, par Louis-Philippe, en partie avant 1830, en partie après!

Monceaux appartenait, à titre héréditaire, moitié à Louis-Philippe, moitié à sa sœur, la princesse Adélaïde.

Voilà l'origine, l'origine unique, l'origine exclusivement patrimoniale, des biens que l'on nous dispute aujourd'hui.

Ces biens ont été donnés, le 7 août 1830, par Louis-Philippe à ses enfants. On vous a dit tout-à-l'heure dans quels termes, et nous n'y revenons pas. Seulement, il nous sera permis de rappeler qu'en 1832, une loi du 2 mars, une loi appelée à

dire si les biens patrimoniaux du roi Louis-Philippe étaient devenus la propriété de l'État par le fait de son avènement au trône,
a proclamé le contraire en ces termes, articles 21 à 24 :

« Art. 21. En cas d'insuffisance du domaine privé, les dota-
« tions des fils puînés du roi et des princesses ses filles seront
« réglées ultérieurement par des lois spéciales.

« Art. 22. Le roi conservera la propriété des biens qui lui ap-
« partenaient avant son avènement au trône ; ces biens et ceux
« qu'il acquerra à titre gratuit ou onéreux pendant son règne,
« composeront son domaine privé.

« Art. 23. — Le roi peut disposer de son domaine privé, soit
« par actes entre-vifs, soit par testament, sans être assujetti aux
« règles du Code civil qui limitent la quotité disponible.

« Art. 24. — Les propriétés du domaine privé seront, sauf
« l'exception portée à l'article précédent, soumises à toutes les
« lois qui régissent les autres propriétés. Elles seront cadas-
« trées et imposées. »

Sous l'empire de cette loi, des biens du domaine privé ont été
aliénés par la famille d'Orléans. Ces aliénations s'élèvent à une
valeur d'environ dix millions. Le reste des biens a servi de dot
aux enfants de Louis-Philippe.

La révolution de 1848 est arrivée. Louis-Philippe avait eu pendant son règne une liste civile et un domaine de la couronne. La
liste civile a cessé, le domaine de la couronne a fait retour à l'Etat.

Quant au domaine privé, il fut, à ce moment, séquestré par
arrêté du Gouvernement provisoire du 26 février 1848.

Louis-Philippe, comme vous le savez, avait laissé beaucoup
de créanciers derrière lui. Ce roi, auquel on avait fait une répu-
tation d'avarice, s'est trouvé avoir dépensé, dans les châteaux
nationaux, environ trente millions de sa fortune personnelle,
trente millions qui sont venus accroître la richesse de l'Etat ! Pour
la sécurité de ses créanciers, ou plutôt pour arrêter de déplora-

bles dévastations, il fallut établir un séquestre. Il fut mis le 26 février, mais on réserva à l'Assemblée Nationale, qui allait se réunir, le droit de statuer sur le sort du domaine privé.

Une proposition lui fut soumise en juillet 1848 (elle émanait de l'initiative parlementaire); elle lui demandait de faire ce qu'a fait le décret du 22 janvier 1852. La proposition fut l'objet d'un rapport de M. Berryer, d'un rapport digne de lui, et l'Assemblée la rejeta. Elle se borna à déclarer qu'une liquidation générale serait instituée, qu'elle comprendrait même les biens du duc d'Aumale et du prince de Joinville, et elle reconnut en termes exprès à la famille d'Orléans la propriété du domaine privé, c'est-à-dire la propriété de ses biens patrimoniaux.

Plus tard, Messieurs, en février 1850, une Commission de l'Assemblée Législative proposa de rendre au duc d'Aumale et au prince de Joinville les biens qui leur étaient propres, mais de maintenir encore indéfiniment le séquestre sur le domaine privé.

Le Ministre des finances se présenta, au nom du Président de la République, pour combattre la proposition. On l'a dit ailleurs, et je le répète ici, on est heureux de le nommer, car il a fait là une bonne action, c'était M. Achille Fould. Il monta à la tribune, et voici le langage qu'il tint à l'Assemblée :

« Le décret du 25 octobre 1848 a placé à la fois hors du droit
« commun, quant à leurs intérêts civils, Louis-Philippe, sa fa-
« mille, et ses créanciers.

« Dans l'esprit de la loi, cette position exceptionnelle, com-
« mandée par des circonstances extraordinaires, et les exigences
« du moment, avait un caractère essentiellement transitoire; *il*
« *ne pouvait entrer dans la pensée équitable et généreuse du*
« *Président de la République, de la prolonger au-delà du terme*
« *rigoureusement nécessaire.* »

Nous vous demandons de conserver précieusement le souvenir de ces paroles, et de laisser le Président fidèle au langage qu'il faisait tenir alors par son Ministre devant l'Assemblée.

Enfin, la loi du 4 février 1850, rendue sur ce discours de M. Fould, ordonna que le séquestre mis sur les biens du domaine privé serait levé le 1er août suivant, et autorisa un emprunt de 20 millions. Le 25 août 1850, l'emprunt fut fait avec hypothèque, et le Ministre des finances intervint au contrat ; il intervint pour approuver, pour autoriser, et pour céder la priorité de l'Etat aux créanciers hypothécaires représentés par le comptoir d'escompte.

Voilà, Messieurs, les faits qui s'étaient passés antérieurement aux décrets. Ils ne devaient pas, vous le voyez, les faire prévoir.

Le 22 janvier 1852, deux décrets sont rendus. Ils vous ont été lus. Ils font deux parts des biens de la famille d'Orléans. Ceux qui n'appartenaient pas à Louis-Philippe, en 1830, seront vendus dans l'année (c'est le premier décret); — ceux qui lui appartenaient alors seront restitués au Domaine (c'est le deuxième décret). Ce deuxième décret reste deux mois sans exécution. Le 27 mars 1852, un nouveau décret arrive qui change les affectations primitives, et ordonne de saisir Neuilly et Monceaux. On vous a raconté ce qui s'est passé depuis dans ces deux domaines, l'expulsion par la force des agents de la famille d'Orléans, la main-mise des agents de l'Etat.

Nous avons demandé devant les tribunaux notre remise en possession. On nous a apposé le caractère gouvernemental des décrets, et le caractère administratif des actes de prise de possession.

Vous savez, Messieurs, par quels admirables talents a été défendue devant le tribunal la cause des princes d'Orléans et de la compétence judiciaire. Un jugement leur a donné raison. C'est le conflit élevé contre ce jugement qui vous saisit.

Voilà dans quelle situation nous arrivons devant vous.

Notre these à nous, Messieurs, est bien simple ; nous la prenons dans le droit commun. Nous invoquons la compétence judiciaire en disant : il s'agit de questions de propriété, de propriétés immobilières, de prescriptions, de contrats ; jamais on n'a disputé aux tribunaux leur compétence pour connaître de pareilles difficultés. En toutes matières ils sont juges de ces questions ; spécialement en matière domaniale, la juridiction leur appartient. De tous temps il en a été ainsi.

On vous a cité tout à l'heure le rapport du Ministre de la justice, devenu l'arrêté du 2 nivôse an VI ; vous avez entendu dans quels termes il explique que la nation, quand il s'agit d'une question de propriété, est obligée de se dépouiller elle-même de son pouvoir et de venir, comme les simples particuliers, disputer devant les tribunaux le champ ou la maison qu'on lui conteste. Votre jurisprudence à toutes les époques a consacré ces principes et renvoyé ces sortes de questions aux tribunaux ; nous n'en voulons pas citer les monuments, ils sont rappelés en grand nombre dans le mémoire rédigé par mon honorable confrère, Me Mathieu-Bodet, qui partage avec moi la défense. Ce n'est pas d'ailleurs sur le terrain du droit commun qu'on essaie de nous combattre.

Que nous oppose-t-on ?

On dit : oui, d'après le droit commun, toutes les questions de propriété, de prescriptions, de contrats, vont aux tribunaux ; mais il en est autrement lorsque l'une des parties invoque comme titre de sa propriété, soit un acte du Gouvernement, soit un acte administratif. Or, ici, la propriété du domaine naît d'un acte de Gouvernement, et sa possession, d'actes administratifs ; la demande des princes d'Orléans nécessite l'appréciation de ces actes : cette appréciation ne saurait appartenir aux tribunaux.

L'objection se résume en ces mots : au point de vue des actes administratifs, il n'y aurait à dessaisir les tribunaux que pour vous saisir vous-mêmes ; mais comme il y a là un acte de Gouvernement, il s'agit de dessaisir les tribunaux pour ne saisir personne.

Voilà le conflit. Vous avez à le confirmer ou à l'annuler.

Son unique base, vous le voyez, c'est le caractère gouvernemental du décret ; c'est le caractère administratif des actes de prise de possession.

Nous vous demandons, Messieurs, d'apprécier vous-mêmes ce double caractère, et de subordonner à votre appréciation votre décision sur le conflit. En avez-vous le droit, est-ce votre devoir? Voilà la première question à examiner.

Et d'abord, quant à votre droit de libre appréciation, il ne saurait faire l'objet d'un doute. Ces actes que l'arrêté du préfet qualifie actes de Gouvernement ou d'administration, il vous appartient de les qualifier autrement si le préfet s'est trompé. — Son affirmation ne vous lie pas. — Elle ne vous lie pas plus sur le caractère gouvernemental du décret, que sur le caractère administratif des actes de main-mise.—Vainement dirait-on que le préfet, lorsqu'il qualifie acte de Gouvernement un acte invoqué devant les tribunaux, élève le conflit non point au nom du pouvoir administratif, mais au nom du pouvoir politique; qu'il ne saurait appartenir à personne, pas plus au conseil d'Etat qu'aux tribunaux, de faire sa part au pouvoir politique ; — que ses actes n'ont pas d'autre juge que lui-même, et qu'en conséquence, le conseil d'Etat n'a autre chose à faire en présence d'une telle déclaration du préfet, que de l'enregistrer, et de se soumettre.

Il y aurait là, Messieurs, suivant nous, une confusion de principes.

Que le pouvoir politique n'ait à faire apprécier ses actes par personne, et qu'il se défende lui-même, nous le comprenons, quand son inviolabilité personnelle est attaquée.—Alors, en effet, il peut se défendre par la force.—C'est de ce droit, vous le savez tous, qu'il a usé dans une occasion récente (dans l'affaire Mauguin), et ce droit, on le lui a, nous le croyons, contesté à tort.

Mais la question change de face dès qu'il s'agit pour le pouvoir politique, non plus de son inviolabilité personnelle, mais seulement, comme ici, d'assurer l'exécution de ses actes : notre Constitution ne lui donne alors qu'une seule arme, c'est le conflit. Il peut arrêter les tribunaux et les forcer à surseoir, mais ce n'est qu'à une condition ; il faut qu'il vienne devant vous, qu'il vous demande de reconnaître à l'acte qu'il invoque le caractère qu'il lui attribue d'acte de Gouvernement, et qu'il se soumette à votre appréciation. Ah ! quand vous aurez reconnu à l'acte le caractère gouvernemental, qu'alors les conséquences se déroulent, que vous déclariez souveraine l'appréciation que le pouvoir politique aura faite des intérêts politiques du pays, que vous disiez qu'aucune réclamation n'en peut entraver l'exécution, et que les droits lésés n'ont plus qu'à se résigner, nous pourrons le comprendre ; mais ces conséquences ne sauraient se déduire que d'un principe posé par vous, que d'une appréciation par vous librement faite du véritable caractère de l'acte invoqué.

Le jour où le préfet aurait le droit de vous lier par sa déclaration, et de dessaisir ainsi souverainement les tribunaux, ce jour-là nous serions sous le plus absolu et le plus humiliant despotisme à l'état normal et permanent. Heureusement il n'en est rien ; il n'y a pas de droit, dans notre pays, qui n'ait sa garantie : les droits menacés par le conflit ont la leur ; elle est dans votre libre appréciation, elle est dans votre indépendance et votre sagesse.

Et sans cela, Messieurs, quelle triste comédie jouerions-nous donc ici ? Pourquoi ces retards ? Pourquoi cette apparence d'instruction ? Pourquoi suis-je à cette barre ? Pourquoi ce semblant de délibéré tout-à-l'heure ? Pourquoi ce simulacre de justice ? Loin de vous saisir par le conflit, on aurait dû au contraire chercher dans la loi quelque autre procédure pour vous dessaisir ; loin d'invoquer devant vous le caractère de l'acte, on devrait, au contraire, vous en soustraire la connaissance. Vous saisir par le conflit, c'est évidemment reconnaître votre droit d'appréciation.

Ainsi, Messieurs, vous êtes libres ; vous n'êtes pas liés par la déclaration du préfet ; et si vous arriviez à reconnaître qu'en effet cet acte qu'on invoque devant les tribunaux n'est point un acte de Gouvernement, qu'il n'en a pas le caractère en tout ou en partie, il serait de votre devoir de le dire, et nous ajoutons maintenant que cette déclaration, il serait de votre devoir de la faire préjudiciellement, et d'y subordonner la décision du conflit.

Il s'agit, en effet, pour vous, Messieurs, de dire si le tribunal de la Seine a eu tort de retenir la cause; il n'a eu tort que si l'acte invoqué devant lui avait réellement le caractère d'acte de Gouvernement; sinon, non. La décision du conflit dépend donc de l'appréciation que vous ferez du caractère de cet acte, et dès lors cette appréciation est préjudicielle.

Votre jurisprudence, au surplus, est sur les deux points positive. La formule de vos arrêts ne laisse aucun doute sur le droit dont vous usez ; — vous appréciez toujours vous-mêmes, et toujours vous appréciez préjudiciellement le caractère des ac es invoqués pour dessaisir les tribunaux. — Vous ne vous bornez pas à dire : « Attendu que le préfet prétend que l'acte est admi- « nistratif ou gouvernemental. » Vous dites : « Attendu que l'acte « est administratif; » ou, comme dans les affaires des princes de la famille Bonaparte : « Attendu que l'acte est un acte de Gou- « vernement. » — C'est, en d'autres termes, le résultat de votre appréciation personnelle que vous donnez pour base à la décision que vous rendez sur le conflit.

Arrivons donc àu l question du fond, c'est-à-dire (car c'est là le fond en matière de conflit) à la question de compétence.

Vous avez à dire quel est le vrai caractère des actes invoqués, et s'ils faisaient obstacle à ce que le tribunal connût des questions que leur donnait à juger la demande des membres de la famille d'Orléans.

Or, que demandaient les membres de la famille d'Orléans devant le tribunal ? En présence d'un décret qui leur disait : Vous vez cessé d'être propriétaires en 1830, et par conséquent vous ne pouvez pas conserver aujourd'hui la possession, — les princes répondaient ceci : Nous demandons au tribunal de déclarer que nous n'avons pas perdu la propriété en 1830, que nous l'avions encore par conséquent la veille du décret du 22 janvier 1852, et nous lui demandons par suite de déclarer que le domaine n'a pas le droit de nous déposséder.

Il y a là, Messieurs, deux questions, il y a là deux prétentions distinctes, deux prétentions dont l'une pourrait être vraie et l'autre fausse. Il se pourrait, en effet, que, la veille du décret du 22 janvier, les princes d'Orléans eussent été légitimes propriétaires, et que le lendemain du décret ils eussent cessé de l'être.

Il y avait donc deux questions à juger par le tribunal : l'une concerne le passé, l'autre l'avenir. Le conflit a la prétention de lui défendre de juger ni l'une ni l'autre ; il soulève donc deux questions de compétence, et non pas une.

Ces deux questions sont celles-ci

1° Devez-vous interdire aux tribunaux d'examiner si, de 1830 à 1852, les princes d'Orléans ont été légitimes propriétaires des biens qu'on revendique ?

2° Devez-vous défendre aux tribunaux d'examiner si, dans l'hypothèse même où les princes d'Orléans auraient été légitimes propriétaires la veille du décret, ils ont cessé de l'être par l'effet du décret lui-même ?

Voilà les deux questions qu'il vous faut trancher, Messieurs. Nous abordons la première.

Devez-vous interdire aux tribunaux d'examiner, *dans le passé,* qui a été légitime propriétaire de 1830 à 1852 ?

La question se divise en deux branches, car les princes d'Orléans invoquaient deux natures de titres.

Ils invoquaient d'abord leur titre ancien, héréditaire, patrimonial en quelque sorte, qu'on prétendait leur avoir été enlevé par la dévolution.

En second lieu, ils invoquaient d'autres titres, nés depuis 1830, suivant eux, et qui, alors même qu'en 1830 ils eussent perdu la propriété de leurs biens, la leur auraient fait reconquérir depuis.

Le décret leur a dénié le premier de ces titres, le titre patrimonial, en prétendant que la dévolution le leur avait enlevé en 1830. Mais le décret n'a pas dit un mot des autres titres invoqués par eux, des titres postérieurs à 1830 ; il n'a pas dit un mot des prescriptions, des contrats de mariage, de l'indivision. Pourquoi ? Est-ce, Messieurs, parce que le conflit aurait entendu laisser aux tribunaux le jugement de ces questions ? Certes, on comprendrait que le conflit eût reculé devant la pensée de les en dessaisir, car il faut se heurter à tous vos précédents, il faut, ce me semble, renverser toutes les notions du juste pour enlever aux tribunaux des questions d'indivision, de prescription, de contrats de mariage. Et cependant, le dispositif de l'arrêté de conflit est général et absolu, et semble embrasser, sans distinction, toutes les questions que soulevait la demande des princes d'Orléans.

Mais, au surplus, que le conflit revendique ou non ces questions, il importe peu, tant votre jurisprudence est constatne.

Un mot seulement sur chacune d'elles.

La question d'indivision est celle qui concerne la prétention de l'Etat de vendre les parties de Neuilly acquises depuis 1830, les parties de Monceaux que possédaient les princes de la famille comme héritiers de leur tante. Sur ces questions on invoque, à la vérité, une loi du 15 floréal an x, article 10, sur les fonds ruraux indivis entre l'Etat et les parent d'émigrés : mais cette loi n'a jamais été applicable qu'aux biens d'émigrés. La Cour de Cassation a jugé le 26 décembre 1825, par un arrêt qui est rappelé au mémoire, que, depuis 1844, l'Etat n'avait plus le droit de vendre la propriété d'autrui. Et vous-mêmes, le 30 mai 1845, dans une affaire Bouyron, vous avez décidé que lorsqu'une action en partage d'immeuble est dirigée par un particulier contre l'Etat, l'autorité judiciaire est compétente pour y statuer. La jurisprudence sur ce point est donc formelle.

Quant aux questions de prescription, nous ne voulons pas insister davantage. La jurisprudence est représentée par tant de monuments, qu'il n'y aurait qu'à choisir. Vous renverrez donc les questions de prescription aux tribunaux, et ils en apprécieront tous les éléments; car, juges de l'action, ils seront juges des exceptions.

Enfin, quant aux contrats de mariage, de deux choses l'une : ou les contrats sont des traités diplomatiques, et alors il faudra reconnaître aux Puissances le droit de réclamer ; ou ce sont simplement des contrats de droit civil, et alors comment en refuser l'appréciation aux tribunaux ? Ce sont les tribunaux qui diront si l'État peut reprendre aux enfants de Louis-Philippe des dots qui n'ont été à la charge de Louis-Philippe que parce que l'État lui avait laissé son domaine privé. Les tribunaux décideront si, dans le cas contraire, ce n'est pas l'État lui-même qui aurait été tenu de doter les enfants dont il aurait enlevé le patrimoine; les tribunaux diront, par conséquent, s'il est permis à l'État de dire alternativement à Louis-Philippe : Je ne suis pas tenu de doter vos enfants, parce que je vous ai laissé votre patrimoine; dotez-les vous-même. Puis, plus tard : Je prends la dot de vos enfants, parce que j'aurais dû m'emparer de votre patrimoine ! Les tribunaux diront s'il est permis d'invoquer ainsi tour-à-tour, suivant l'intérêt du moment, la dévolution et la non-dévolution. Ils diront quel sera le sort des hypothèques légales données aux belles-filles de Louis-Philippe sur le domaine privé en garantie de leurs douaires; ils diront enfin si la bonne foi des gendres et des belles-filles ne leur donne pas, dans toutes les hypothèses même que pose le décret, et aux termes de la jurisprudence constante de la cour de cassation, le droit de retenir les biens !

Toutes ces questions leur appartiennent, aucune d'elles ne peut leur être disputée. Nous nous présentons ici comme tiers, c'est à ce titre que nous soutenons être devenus propriétaires depuis 1830, en dehors, par conséquent, de la donation de 1830, en dehors de la dévolution, et depuis la dévolution. Or, le droit des tiers, il n'y a pas de législation qui le méconnaisse, et nous avons sous les yeux un décret de la Convention du 21 prairial an II, décret rendu en présence de cette confiscation politique qui avait été prononcée contre les émigrés, et c'est la Convention même qui déclare que les droits des tiers restent sous la protection du droit commun et de la compétence judiciaire.

Laissons donc de côté ces questions, qui semblent ne pas pouvoir faire doute, et abordons le second des titres qu'invoquaient, pour établir leur droit de propriété dans le passé, les princes d'Orléans.

Outre leurs titres nouveaux et personnels, leurs droits comme tiers, ils invoquaient leur titre ancien, héréditaire, leur titre patrimonial. C'est ce titre qu'on prétend leur avoir été ravi par la dévolution. La contestation de ce titre est, Messieurs, vous le savez tous, accompagnée dans le décret d'une accusation qu'une famille qui se glorifie de son chef a dû vivement ressentir, et il n'est aucun de vous qui ne s'explique et qui n'approuve l'ardeur avec laquelle cette famille vous demande des juges devant lesquels il lui soit permis de laver l'affront fait à la mémoire de son chef.

C'est ici la seconde branche de la première question : devez-vous interdire aux tribunaux d'examiner si, en vertu de notre titre ancien, héréditaire, patrimonial, nous étions encore propriétaires la veille du décret, malgré l'avènement au trône de Louis-Philippe ? Voilà la question.

Oui, dit le conflit, vous devez dessaisir les tribunaux de cette question; vous le devez par deux motifs : d'abord le décret du 22 janvier est une *loi*, et par conséquent les actes qui ont été faits en exécution de ce décret ont le caractère d'*actes administratifs*, comme tous les actes faits pour l'exécution des lois. — Ensuite, le décret est autre chose et plus qu'une loi, c'est un *acte de Gouvernement*.

Examinons les deux objections.

Le décret est une loi ! Pour nous, Messieurs, nous n'en croyons rien, et cela par deux raisons.

Nous sommes fort peu touché de l'argument qu'on prétend tirer de l'art. 58 de la Constitution, qui porte :

« Art. 58. Les décrets rendus par le Président de la Républi-
« que à partir du 2 décembre jusqu'à cette époque, auront force
« de loi. »

Il ne viendra sans doute à l'idée de personne de prétendre que tous les décrets rendus par le Président dans l'intervalle pendant lequel a duré sa dictature aient le caractère législatif. Il a fait des nominations de juges de paix et de commissaires de police. Ces nominations ont-elles le caractère de loi ?

Non, sans doute. L'article 58 ne veut donc dire qu'une chose, c'est que le Président, ayant réuni le pouvoir législatif au pouvoir exécutif, toutes les fois que la matière ne pouvait être réglée que par une loi, si le Président l'a réglée, son décret est loi. C'est cette distinction que vous avez perpétuellement faite à l'égard de tous les actes des Gouvernements qui avaient cumulé les deux pouvoirs ; à l'égard des rois de l'ancien régime, à l'égard de la Convention, à l'égard de l'Empire! Jamais vous n'avez voulu reconnaître aux décrets qui émanaient de ces législateurs le caractère exclusivement législatif ; toujours vous avez interrogé la pensée et le but de l'acte, pour en déterminer la nature.

Or, Messieurs, dire qui était, il y a vingt ans, propriétaire de biens litigieux, est-ce une matière législative? Evidemment non. Et, par cette première raison, nous refuserons aux décrets le caractère de loi.

Mais il y en a un autre : c'est que nous ne pourrions pas lui reconnaître le caractère de loi sans lui reconnaître le caractère de loi rétroactive. Or, qui dit loi rétroactive, dit loi violente, loi spoliatrice, loi tyrannique.

« Partout, disait Portalis, partout où la rétroactivité des lois
« serait admise, non-seulement la sûreté n'existerait plus, mais
« son ombre même. La liberté civile consiste dans le droit de
« faire ce que la loi ne prohibe pas. Que deviendrait donc la

« liberté civile si le citoyen pouvait craindre qu'après coup il
« serait exposé au danger d'être recherché dans ses actions ou
« troublé dans ses droits acquis par une loi postérieure ? »

Une seule loi rétroactive, faite par un Gouvernement, suffit,
Messieurs, pour ôter crédit à toutes ses lois ! Quel droit osera
jamais s'asseoir sur la foi d'une loi existante, si demain il peut en
venir une autre contre laquelle la loi antérieure sera impuissante
à le protéger ? Une seule loi rétroactive, et il n'y a plus de con-
fiance possible d'un peuple dans son gouvernement.

C'est donc calomnier le décret que de le qualifier loi, et j'a-
joute que c'est le calomnier inutilement.

A quoi mène, en effet, cette théorie d'une loi rétroactive ? A
moins que cette loi ne soit un acte de Gouvernement, et nous
n'en sommes pas encore à cette deuxième objection du conflit,
ce sera simplement une loi. Rétroactive ou non, elle ne perdra
pas ce caractère; et si elle est une loi, même rétroactive, qui donc
sera chargé de son application ? Est-ce que l'application de ces
lois, comme des autres, n'appartient pas aux tribunaux ? Est-ce
que les lois sont placées sous la protection des conflits ? L'application des lois est placée sous la protection d'un autre pouvoir,
c'est la Cour de cassation qui est chargée de l'assurer. Le jour
où la Cour de cassation manquera à cette mission, le jour
où le pouvoir craindra que la Cour de cassation ne s'insurge elle-
même contre la loi, ce jour-là sera triste pour le pays, mais ce
jour-là le pouvoir n'aura qu'un droit, ce sera de changer nos
institutions judiciaires. Ce jour-là n'arrivera pas, nous l'espérons.
Le pouvoir législatif se suffit à lui-même ; il a son action sur les
institutions judiciaires, sur les formes de procéder, sur les règles
qui président au choix du personnel ; avec cela, il n'a besoin de
personne pour le défendre. Aussi, le conflit n'a-t-il pas été inventé
pour lui. Il est fait pour défendre le pouvoir exécutif contre les
empiètements du pouvoir judiciaire ; le pouvoir exécutif qui,
chargé d'agir, a besoin d'être dégagé d'entraves, qui, responsable,
a besoin de liberté ; qui, amovible, a besoin d'être défendu, comme

l'a dit en si nobles termes M. Cuvier, contre ce pouvoir inamovible et irresponsable, dont l'inamovibilité même ne laisse qu'une très-faible action au pouvoir exécutif sur la composition de son personnel.

Voilà le but du conflit. Il faudrait donc annuler celui qu'élève M. le préfet de la Seine, s'il n'avait pas d'autre base que le caractère législatif du décret.

Mais si le décret n'est pas une loi, ou si, loi, c'est encore aux tribunaux à l'appliquer, la première objection tombe, car il n'a pu dépendre de simples actes d'exécution de changer la compétence. « Une ordonnance royale, un arrêté préfectoral, rendus « en exécution d'une loi (dit la Cour de cassation dans son arrêt « Richemond, du 24 juin 1839), n'ajoutent rien à la loi avec laquelle ils s'identifient, et ne peuvent être considérés comme des « actes rentrant dans l'exercice du pouvoir administratif, dont la « connaissance est interdite aux tribunaux. » Ce n'est là, Messieurs, que l'application de vos propres principes.

Les actes administratifs ne font pas obstacle à ce que les questions de propriété soient jugées par les tribunaux ; voilà ce que vous avez dit dans cent arrêts ; et cependant il n'est pas d'acte administratif qui ne soit fait pour l'exécution d'une loi. Cette déclaration de vos arrêts, c'est le moyen imaginé par votre sagesse pour garantir la propriété privée des dangers que les erreurs de l'administration auraient pu lui faire courir. Le principe que vous avez posé est fondé sur le respect présumé des juridictions et des pouvoirs, les uns pour les autres. C'est votre mission et votre devoir de faire respecter ces limites, et de dire à l'administration qui les méconnaît : Votre droit va jusque là, mais il ne va pas plus loin. »

Aussi, Messieurs, de si haut que parte l'acte administratif, et vînt-il même du Chef de l'État (comme dans l'affaire Sickingen, 24 février 1830) , quelque précis que soit l'ordre par lequel l'administration aurait porté atteinte à la propriété privée (comme dans l'affaire Chevignard, 3 février 1813) ; quelque positive, enfin, que soit la loi en exécution de laquelle l'acte administratif aura été fait, toujours vous maintenez d'une main ferme ce principe, que les actes administratifs ne font pas obstacle à ce que les questions de propriété privée soient portées devant les tribunaux ; vous le dites en toute matière, et plus spécialement encore en matière domaniale, parce que là le domaine est simplement partie au procès, et que par suite les actes faits dans son intérêt n'ont que la valeur d'ordres ou d'instructions donnés aux agents d'une administration qui est partie en cause.

Écartons donc cette première objection, et abordons la seule qui soit sérieuse.

Le décret, dit-on, est un *acte de Gouvernement*, et, à ce titre, son appréciation échappe non-seulement à la compétence judiciaire, mais à toute compétence contentieuse ; il n'y a pas à le juger, il faut le laisser exécuter et faire taire toute réclamation.

Rendons-nous compte d'abord, Messieurs, de ce que c'est qu'un acte de Gouvernement. Tout acte, toute loi, prendront-ils ce caractère, par cela seul qu'ils seront des actes ou des lois politiques ? Évidemment non ; la politique, c'est-à-dire l'ensemble des moyens employés pour défendre la société contre ses ennemis intérieurs et extérieurs, pénètre dans le règlement de tous les rapports sociaux, sans altérer pour cela le caractère des actes qui règlent ces rapports. La loi des successions, qui ne règle que des rapports privés, n'en est pas moins la plus politique de toutes les lois. Les lois de majorats, de substitutions, sont des lois politiques, et ne sont pas pour cela des actes de Gouvernement. Les lois même de confiscation, si exclusivement politiques qu'elles soient, n'ont pas non plus ce caractère, et jamais on n'a fait difficulté d'en laisser l'application aux tribunaux. La confiscation des biens des émigrés sous la première République a soulevé bien des litiges, non-seulement entre l'Etat et les tiers, mais entre l'Etat et les émigrés eux-mêmes. Jamais la pensée n'est venue à personne de dessaisir les tribunaux ordinaires de la connaissance de ces litiges ; jamais un conflit n'a été élevé.

Ce que nous disons des lois est également vrai des actes administratifs ; quelque imprégnés qu'ils soient de politique, cela ne suffit jamais pour les transformer en actes de Gouvernement.

Ce qui fait *l'acte de Gouvernement*, Messieurs, c'est la nature des rapports qu'il règle. L'acte qui ne règlera que les rapports privés sera une loi civile ; l'acte qui règlera les rapports de Gouvernement avec les citoyens sera une loi administrative ou un acte administratif. L'acte qui règlera les rapports de Gouvernement à Gouvernement sera seul un *acte de Gouvernement.*

Tels sont les traités diplomatiques qui règlent les rapports du Gouvernement français avec les Gouvernements étrangers, les capitulations militaires qui peuvent régler les rapports du Gouvernement français avec un Gouvernement ennemi, les actes enfin qui peuvent régler les rapports du Gouvernement établi avec un Gouvernement déchu ou compétiteur.

Mais est-ce à dire que tout acte fait à l'égard d'une maison royale déchue, que toutes les clauses d'un acte fait avec un Gouvernement étranger, auront le caractère d'actes de Gouvernement? Évidemment non.

L'exécution d'un traité diplomatique peut soulever bien des difficultés qui n'intéressent en rien les rapports des deux nations, et dès lors le règlement de ces difficultés appartient, suivant les cas, soit au contentieux administratif, s'il sagit des rapports du Gouvernement français avec ses nationaux, soit à l'autorité judiciaire, s'il s'agit de rapports entre particuliers.

Ainsi, entre les héritiers du duc de Richmond, la cour de cassation interprète une clause du traité diplomatique du 30 mai 1814 (arrêt du 24 juin 1839).

Ainsi vous-mêmes vous jugez les demandes formées par des Français contre le Gouvernement français, en paiement de dettes qu'ils soutiennent avoir été, en vertu des conventions faites avec l'étranger, mises à la charge de la France (arrêt du conseil, du 5 décembre 1833. — Perret et consorts).

De même, en ce qui concerne les familles royales déchues, il faut distinguer.

Les membres de ces familles ont en effet un double caractère : ils avaient des droits comme princes, et ils en ont comme simples particuliers. Ils pouvaient, comme princes, avoir des apanages ; comme particuliers ils peuvent avoir un patrimoine. Sans doute, les actes qui prononceront leur déchéance, leur bannissement, le sequestre ou la confiscation même de leurs biens au -nom de la sûreté publique, pourront être des actes de Gouvernement. Mais assurément tout acte qui s'adressera à leur patrimoine n'aura pas nécessairement ce caractère. Si le Trésor, par exemple, a contre eux une créance, si le domaine croit avoir à se plaindre d'une usurpation de leur part, comprendrait-on que le Gouvernement ne pût faire rentrer la créance ou réprimer l'usurpation que par un acte de Gouvernement, c'est-à-dire en employant la force au lieu du droit ? — Non, évidemment; entre la force et le droit, il peut choisir ; — il peut ou confisquer, et il fera alors un acte de Gouvernement, ou revendiquer, et la justice alors aura son cours, et dira de quel côté est le droit.

Les actes qui s'adressent aux biens des princes d'une famille déchue peuvent donc avoir une double nature. Ils peuvent être des actes de Gouvernement, tous ne le sont pas, et c'est à euxmêmes qu'il faut demander si leur auteur a entendu simplement faire valoir son droit, ou faire violence au droit d'autrui.

Mais eût-il voulu faire un acte de Gouvernement, en résultera-t-il que cet acte doive échapper, comme on le prétend, à toute appréciation contentieuse ? — Non, Messieurs. Le domaine des actes de Gouvernement a des limites, et c'est vous qui en êtes les gardiens, comme vous l'êtes des limites du domaine administratif.

Nous ne voulons marchander à aucun pouvoir ses droits et ses prérogatives. Le pouvoir politique, nous le reconnaissons, est souverain dans l'appréciation des intérêts qui lui sont confiés, comme le pouvoir administratif est souverain dans sa sphère.

Mais il n'est souverain que dans son domaine; il ne l'est plus dès qu'il en sort, et c'est à vous, Messieurs, qu'il appartient de lui mesurer les conséquences que les principes attachent à ses actes, et le champ qu'ils livrent aux intérêts politiques qu'il a pour mission de sauvegarder.

Ses actes, à ce point de vue, tombent sous votre appréciation, au même titre que les actes du pouvoir administratif.

Un préfet apprécie un intérêt de viabilité; il déclare que, dans cet intérêt, il est bon de démolir ma maison; je vous défère l'acte; vous l'examinez, et vous dites au préfet : Vous êtes appréciateur souverain des intérêts de la voie publique; vous avez dit que cet intérêt demandait la démolition de la maison, c'est possible; mais j'ai, moi, à examiner ce que la loi mesure de conséquences à cet intérêt de la voirie, et si cet intérêt ne va pas jusqu'à vous permettre de démolir la maison d'un particulier, je vous arrête. Etablissez un alignement, défendez à ce propriétaire de réparer sa façade; provoquez, si vous le voulez, l'expropriation de sa maison; mais n'allez pas au delà, car là s'arrêtent les conséquences mesurées par la loi aux intérêts de la voie publique.

Voilà ce que vous dites au pouvoir administratif, et il vous appartient de tenir au pouvoir politique le même langage.

Voyons donc si, même en supposant un moment à l'auteur du décret du 22 janvier l'intention, qu'il n'a pas eue, de faire un acte de Gouvernement, il n'aurait pas dépassé d'un grand pas les limites du domaine assigné aux actes de cette nature.

Un acte de Gouvernement ! Quoi ! dans le passé comme dans l'avenir ? Oui, dit le conflit, dans le passé comme dans l'avenir.

A cela, Messieurs, il n'y a qu'une réponse, et cette réponse est celle-ci :

Il y a une loi qui défend de faire des actes de Gouvernement dans le passé, une loi qui est inviolable, c'est Dieu lui-même qui l'a faite! Dieu abandonne bien aux prétentions de l'homme l'administration de l'avenir, le gouvernement de l'avenir; mais Dieu défend à l'homme, sous peine de folie, de prétendre administrer ou gouverner le passé ! Le passé ne se gouverne ni ne s'administre; il ne reste du passé qu'une chose, la vérité. Un acte de Gouvernement ne peut pas faire que la vérité ne soit pas, et par conséquent, dans le passé, celui qui prétendrait gouverner ferait un acte insensé, il irait contre la loi de Dieu !

La politique peut bien dire : « Je prends; » elle n'a pas le droit de dire : « Vous avez pris. » La politique peut bien dépouiller un homme, elle n'a pas le droit de le déshonorer ! Gouverner dans le passé ! mais ces mots s'excluent et ces idées se repoussent. Les actes de Gouvernement peuvent faire que celui qui était Français hier, devienne étranger aujourd'hui ; ce pourra être le résultat d'un traité diplomatique ; mais jamais les traités diplomatiques et les actes de Gouvernement ne feront que celui qui n'est plus Français aujourd'hui n'ait pas été Français hier. Les actes de Gouvernement pourront faire, peut-être, que je cesse d'être propriétaire aujourd'hui de ce qui était ma propriété hier ; mais les actes de Gouvernement ne feront jamais qu'hier les droits des tiers n'aient été des droits, et que ma propriété n'ait été ma propriété. L'avenir appartient au pouvoir règlementaire, et ce mot, dans sa plus large acception, peut comprendre jusqu'au pouvoir de gouvernement; mais le passé n'appartient à personne qu'à la vérité. Le passé se juge, le passé ne se gouverne pas.

Mais, nous dira-t-on peut-être, si le passé se juge, qui vous dit que le Président n'a pas vu un intérêt gouvernemental à ce qu'il prît, lui, le pouvoir judiciaire pour ce cas spécial? Qui vous dit qu'il n'a pas jugé?

Triste et impuissant refuge! Supposer la confiscation de la justice pour arriver à permettre la confiscation de la propriété! Le conflit ne l'a pas osé dire, Messieurs; le conflit a craint de calomnier le décret plus encore peut-être en l'appelant un jugement, que s'il l'avait appelé une loi rétroactive !

Non, le décret n'est pas un jugement ! Il lui manque pour cela, et les conditions essentielles de tout jugement, et les pouvoirs du juge ! Un jugement, là où celui qui prétend décider ne

veut entendre qu'une seule des parties ! Un jugement, là où il
n'a pas été ouvert une voie quelconque à la défense ! Vous ne l'admettrez pas, vous, Messieurs, qui, bien que placés au point de
vue des intérêts publics dont vous êtes préoccupés sans cesse, vous
montrez si sévères sur l'accomplissement de ces règles, si respec-
tueux pour le droit de la défense ! Vous n'admettrez pas qu'il ait
pu entrer dans la pensée du chef de l'État de rendre un jugement
sans avoir entendu la partie qu'il allait condamner; de rendre
un jugement sans laisser place, ni à la défense avant, ni à l'oppo-
sition après ! Cela ne se serait jamais vu. Des jugements ont pu
être rendus autrefois par le pouvoir politique, mais jamais dans
cette forme, jamais avec ce sacrifice absolu des droits de la défense ! Ils émanaient d'assemblées politiques, c'était la Constituante, c'était la Convention. Or, il n'est pas permis d'assimiler,
au point de vue de la défense, un jugement rendu par une assemblée à un jugement qui serait rendu par un seul homme
dans son cabinet. Il y a dans la nature du pouvoir parlementaire, il
y a dans la publicité de ses ordres du jour, quelque chose qui
force en quelque sorte l'intérêt menacé à se tenir pour averti, et
le met en demeure de se défendre. Une décision individuelle, au
contraire, frapperait sans prévenir; il y aurait surprise, il n'y aurait pas jugement.

M. le Président, d'ailleurs, ne prétend pas avoir pris le
pouvoir judiciaire ! — Et à quel titre l'eût-il fait? — L'a-t-il obtenu, l'a-t-il même demandé dans le contrat du 2 décembre,
dans ce contrat qui ne saurait faire la légitimité de sa dictature
sans en faire aussi la mesure?

Est-ce le droit politique qui lui aurait permis de le prendre?
—et voudrait-t-on s'autoriser de l'exemple donné par la Constituante et la Convention? — Mais l'analogie manque entre
les deux situations. — Pour se saisir du pouvoir judiciaire, ces
assemblées avaient une excuse que n'aurait pas ici le chef de
l'Etat. — A cette époque (comme cela est si bien expliqué dans
un article du *Dictionnaire général d'administration*, au mot

Conflit), à cette époque, le conflit n'était pas réglé; le pouvoir administratif et le pouvoir exécutif étaient livrés sans défense aux empiètements des tribunaux. — Un tribunal se saisissait d'une question administrative, il n'y avait pas possibilité pour le pouvoir politique, pour le pouvoir administratif de le dessaisir : il fallait laisser aller le procès jusqu'au bout; puis alors casser le jugement. — C'était là une tradition de l'ancien régime. — Nos rois autrefois avaient le droit de cassation. Une des sections du conseil d'Etat était précisément destinée à agir sur le pouvoir judiciaire par voie de cassation; — c'était le conseil privé des parties, ou grand conseil. — Il y avait donc pour la Constituante et pour la Convention cette excuse, que d'un côté elles étaient désarmées en présence du pouvoir judiciaire ; que, de l'autre, elles trouvaient traditionnellement dans le pouvoir royal dont elles étaient les héritières le droit de cassation des jugements. Voilà la source du droit dont elles usaient (décret des 7-14 octobre 1790); voilà la tradition qui a pu amener leurs entraînements. — Et cependant, Messieurs, et encore bien que jamais ces assemblées célèbres n'aient eu même la pensée de juger une question de *propriété*, cependant leurs décisions, si excusées qu'elles fussent par les circonstances, ont été flétries par tous les jurisconsultes ; tous ont soutenu qu'il n'y avait pas possibilité pour le pouvoir politique de se faire juge, parce que le pouvoir politique ne peut jamais être un juge impartial : il est passionné, il est à un point de vue de lutte, et, par conséquent, d'irritation et de violence; le droit est devant lui sans garantie. — Le droit a en lui un adversaire et non un juge! — Voilà, Messieurs, ce qu'ont dit des jugements rendus par les assemblées politiques, les publicistes et les jurisconsultes, sans leur tenir, à notre avis, assez de compte de ce qui faisait alors leur excuse.

Mais aujourd'hui l'excuse a disparu, et tous les reproches seraient mérités. Aujourd'hui le droit de conflit existe, institué précisément pour enlever au pouvoir politique (car ç'a été là son véritable but) tout prétexte d'envahir le domaine judiciaire, en vous donnant à vous, Messieurs, le moyen de réprimer tout empiètement du pouvoir judiciaire sur le domaine politique.

Un jugement par le pouvoir politique serait donc aujourd'hui impossible. C'est aujourd'hui une vérité absolue et sans restriction que le pouvoir de juger n'est pas compris dans la mission de gouverner, parce qu'on ne gouverne pas le passé.

Essaiera-t-on enfin de prétendre que la question de dévolution est une question éminemment politique par la nature des appréciations qu'elle nécessite, qu'il est impossible d'en abandonner la connaissance à l'autorité judiciaire?

Il y aurait dans cette objection une double erreur : erreur de fait, erreur de droit.

La question de dévolution est une question politique? Oui sans doute, dans certains cas, et dans certaines conditions. Oui, la question de dévolution était politique lorsqu'elle se soulevait en présence du roi régnant et à l'égard des biens qu'il prétendait conserver pendant son règne. Pourquoi? parce que la dévolution n'a jamais eu d'autre intérêt politique que d'amener le roi à confondre tellement sa fortune avec la fortune de l'Etat, qu'ils n'eussent plus qu'un seul et même intérêt, et que, par suite, jamais le roi ne pût être tenté, pour sauver sa fortune personnelle, de sacrifier les intérêts de l'État, une de ses provinces peut-être. Voilà l'intérêt politique de la dévolution; l'intérêt politique n'est que là : faire qu'il n'y ait pas deux intérêts distincts qui puissent un jour être divergents!

Ainsi, la question était politique en 1607, lorsque le Parlement la soulevait contre Henri IV. Henri IV est là, il est sur le trône, il a des biens qu'il veut garder, et le Parlement lui dit : Vous n'avez pas le droit d'avoir une fortune distincte de celle de l'État : l'intérêt du pays est qu'elles se confondent, qu'elles courent désormais les mêmes chances, et que vous ne puissiez pas soigner l'une aux dépens de l'autre. La fortune de l'État, en un mot, doit être votre seule fortune.

Voilà vraiment une question politique.

La question était politique encore en 1810, lorsque le Sénat était appelé à dire si les biens de l'Empereur avaient ou n'avaient pas fait dévolution. — Pourquoi? — Parce que l'Empereur était sur le trône, qu'il possédait encore la Malmaison et tous les biens qu'il avait avant d'arriver à la couronne, et qu'il s'agissait de savoir si on lui laisserait un domaine privé, ou si, au contraire, les anciens principes monarchiques l'obligeaient à confondre sa fortune privée avec la fortune de l'État. — Le Sénat a examiné et résolu la question, comme question politique; il l'a résolue comme l'a fait depuis la loi de 1832, d'après les vrais principes, les principes libéraux de notre civilisation actuelle, et il a laissé à l'Empereur, par son sénatus-consulte de 1810, ce que la loi de 1832 a laissé à Louis-Philippe, son domaine privé, son patrimoine.

Enfin, Messieurs, la question de dévolution pouvait être encore une question politique en 1832; mais aujourd'hui, quand Louis-Philippe n'est plus sur le trône, où donc est l'intérêt politique de la question? Nous encomprenons bien l'intérêt pécuniaire pour le domaine : suivant la solution, il sera plus ou moins riche; mais l'intérêt politique nous échappe. D'un roi tombé, peut-on jamais craindre que, pour sauver sa propre fortune, il ne sacrifie, en traitant au nom de la France, les intérêts politiques du pays?

Tenons donc pour certain que la chute de la royauté en 1848 a enlevé à la question de dévolution tout caractère politique, et ajoutons qu'on n'a pas plus le droit aujourd'hui de critiquer, au nom de la politique, la donation de 1830, qu'on n'aurait eu le droit de redemander au prince Eugène, après 1815, la Malmaison, ou à Charles X, après 1830, les biens donnés par lui en 1819 au duc de Berry.

Sans doute, pour résoudre la question de dévolution, même au point de vue pécuniaire, les tribunaux peuvent avoir à apprécier le contrat politique passé en 1830 entre la dynastie de Louis-Philippe et la France. Mais n'est-ce pas leur droit, et ne voyons-nous pas tous les jours les tribunaux apprécier les actes de gouvernement eux-mêmes dans les effets qu'ils ont produits dans le passé?

Ainsi, qu'y a-t-il de plus politique, quels sont les actes qui peuvent se qualifier avec plus de raison actes de gouvernement que les actes qui constituent une souveraineté indépendante des souverainetés voisines ? Certes, c'est là un acte de gouvernement au premier chef.

Eh bien ! la question du Barrois mouvant (elle est ainsi connue au Palais) s'est présentée trois fois à la Cour de cassation, à des distances très-grandes : en 1807, en 1821, en 1837. La Cour de cassation n'a jamais hésité. Il s'agissait pour elle de savoir si Louis XV, dans le traité qui réunissait la Lorraine à la France, avait pris tel engagement envers telle famille. Il s'agissait de savoir si le comté de Bar, qui, pour la justice, relevait du Parlement de Paris, était, avant la réunion, souverain ou vassal de la France. La Cour de cassation s'est saisie de ces questions et les a tranchées, convaincue, et convaincue avec raison, que, dans le passé, dans les effets qu'elles ont produits autrefois, les questions de souveraineté, les questions qui peuvent naître d'actes de gouvernement, appartiennent aux tribunaux.

Des questions analogues se sont présentées encore à propos du domaine de Chambord. Cet immeuble appartenait-il au duc de Bordeaux à titre d'apanage, ou à titre de propriété privée ? Charles X avait-il accepté la donation de Chambord comme roi ou comme grand-père ? — C'étaient assurément là des questions exclusivement politiques, si la branche aînée eût régné encore au moment où ces questions se soulevaient. Mais la branche aînée est tombée du trône ; la question n'a plus d'intérêt gouvernemental actuel, et la Cour de cassation s'en saisit, et la tranche en faveur du duc de Bordeaux, par son arrêt du 3 février 1841, jugeant ainsi une fois de plus que c'est aux tribunaux qu'il appartient d'apprécier dans le passé les effets des actes de gouvernement, et d'appliquer aux litiges qu'ils soulèvent les principes les plus élevés de notre droit public.

Disons donc que les tribunaux sont juges du passé, et qu'à aucun titre le pouvoir politique, le pouvoir de gouvernement ne peut s'attribuer le droit de dire qui était propriétaire d'un immeuble il y a vingt ans.

Dans un seul ordre d'idées, Messieurs, une question de propriété privée peut être livrée au pouvoir discrétionnaire de la politique. C'est dans ce système qui admet que le suffrage universel a une omnipotence qui lui permet de réviser même les titres de propriété.

Nous entendions soutenir cette thèse hier encore; car n'est-ce pas hier que ces doctrines avaient cours dans la société? Oui, le système qui veut qu'on reprenne aux émigrés les biens qu'on leur a rendus en 1814 et le milliard qu'on leur a payé en 1825 ; oui, le système qui veut qu'on révise les titres de propriété, et qu'à chacun on demande l'origine de sa fortune, ce système-là a un principe : c'est qu'il appartient au pouvoir politique de juger le passé comme de gouverner l'avenir ; — c'est que le jour où le suffrage universel enverrait une majorité disposée à user de ce droit, ce ne serait pas de la violence, ce serait un acte légitime qu'elle ferait en prenant à chacun sa propriété ; car, dans ce système, la propriété n'est pas un droit, en présence du suffrage universel !

Cet argument-là, nous le comprenons; — mais nous doutons, Messieurs, qu'il puisse entrer dans votre pensée que le droit de propriété soit une question de scrutin. — Prendre à la justice une question de propriété privée pour la livrer à un pouvoir discrétionnaire quelconque, c'est, comme l'a dit M. Dupin, attaquer la propriété dans son essence ; c'est l'attaquer sur un terrain où toutes les propriétés sont solidaires, c'est dire que le droit n'existe plus ; car, où il n'y a plus de juge, il n'y a plus de droit. — Le jour où vous auriez décidé que le suffrage universel peut donner au pouvoir politique le droit de s'emparer du pouvoir judiciaire sur une question de propriété, ce jour-là, vous auriez donné à l'école dont nous venons de rappeler les tristes théories, le seul succès de principe qu'elle ait jamais obtenu. — Et si la propriété s'en émeut, si aujourd'hui elle se trouble à la pensée de votre arrêt, c'est, Messieurs, qu'assez forte pour se défendre contre la force seule, elle n'est pas sûre de résister à des théories ennemies autorisées par votre décision à dire que c'est de leur côté qu'est le droit. — Posez, en effet, ce principe, et les conséquences peuvent se dérouler un jour! — Nous ne savons pas ce que Dieu nous garde ; mais si quelque jour les titres de la propriété devaient être révisés par les masses qui la convoitent ou par des représentants de ces masses, — fasse le ciel que la violence ne puisse jamais, pour se transformer en *droit*, s'appuyer sur un de vos arrêts!

Non, vous ne poserez pas, en 1852, pour la première fois, un principe que , depuis cinquante ans, jamais on n'a pu vous faire admettre. Il y a dans votre jurisprudence , en matière de propriété, une unité qui vous honore ; jamais une question de propriété privée , une question de propriété immobilière , n'a été soustraite par vous aux tribunaux dans quelque circonstance que ce soit ; toujours vous avez refusé au pouvoir administratif, au pouvoir politique, le droit d'en connaître. Il n'y a que des juges civils pour la propriété privée ; voilà ce qui ressort clair comme la lumière de tout l'ensemble de vos arrêts. Ni les allures despotiques de l'Empire, ni les préoccupations de parti de la Restauration, ni les expédients peut-être aux quels le Gouvernement de Louis-Philippe a été quelquefois réduit, rien de tout cela ne vous a fait dévier. On ne trouvera pas dans vos arrêts une seule décision qui ait soustrait une question de propriété immobilière dans le passé à la connaissance des tribunaux, pas une seule! — On vous demande de fonder aujourd'hui une jurisprudence contraire! Les leçons d'hier ne seront pas perdues pour vous, Messieurs, et vous n'exposerez pas la société au plus terrible danger qu'elle puisse courir.—Vous n'admettrez pas qu'une question de propriété dans le passé puisse jamais être livrée à l'appréciation du pouvoir discrétionnaire.

Vous laisserez donc aux tribunaux la question du passé ; vous la leur laisseriez alors même que vous seriez en présence d'un acte du pouvoir politique qui déclarerait, en termes exprès, avoir entendu enlever cette question au pouvoir judiciaire et la juger lui-même.

Voilà pour le passé.

Mais le droit qui vous appartient pour le passé, l'auriez-vous sur l'avenir ? — Peut-être, Messieurs, cette question ne serait-elle plus, comme celle du passé, une question de droit pur. — Si vous étiez en présence d'un décret qui aurait formellement dit qu'il entendait faire pour l'avenir une confiscation, peut-être ne vous resterait-il, en mettant les droits acquis dans le passé sous la sauvegarde des tribunaux, qu'à vous incliner, quant à l'avenir, devant un acte souverain de gouvernement.

Vous pourriez regretter, sans doute, d'être obligés, au milieu du dix-neuvième siècle, et alors que ces idées semblaient déjà si loin de nous, de reconnaître que la confiscation politique existe encore, que c'est encore là un droit de la politique sur la propriété ; vous pourriez regretter que notre civilisation ne fût pas assez avancée pour qu'il vous fût permis de dire que la propriété est hors du domaine de la politique ; — mais enfin nous voulons l'admettre ! — Soit ! — Une confiscation explicitement prononcée eût été un acte souverain de Gouvernement.

Acte profondément regrettable, Messieurs, car, même en ne s'attaquant qu'à l'avenir, une pareille confiscation, par cela seul qu'elle aurait porté sur des biens patrimoniaux, aurait dépassé tout ce que, depuis cinquante ans, la France a vu faire par les Gouvernements nouveaux contre les Gouvernements déchus ; — tout ce que la légitimité elle-même avait cru pouvoir se permettre contre un Gouvernement tombé qu'elle traitait de rebelle et dont elle niait le droit !

Vous avez compris que je veux parler des mesures qui ont frappé, après les Cent-Jours, les princes de la famille Bonaparte.

Qu'il me soit permis de le dire, avant tout, Messieurs, parce que ç'a été là mon langage de tous les temps ; à mes yeux ce sont de détestables mesures que celles qui ont été prises en 1815 et 1816, à l'égard des princes Bonaparte ; ce sont là des actes regrettables au plus haut point pour notre pays. Un peuple est toujours, dans une certaine limite, responsable des actes de son Gouvernement, et c'est un grand malheur pour la France que l'immense dette de reconnaissance qu'elle avait envers le chef de cette famille, n'ait pas suffi pour protéger la famille tout entière contre les entraînements des colères politiques. Ah ! si l'on eût consulté la France, en 1815, pour savoir s'il fallait payer aux princes de la famille Bonaparte l'argent qu'ils avaient versé au Trésor, en 1814, pour soutenir la guerre et défendre le territoire, si l'on eût consulté la France, avec quel empressement elle eût dit : Payez ! payez ! c'est la plus sacrée de mes dettes !

Mais enfin, quelque regrettables que fussent les actes, c'étaient bien là, il faut le reconnaître, des actes de Gouvernement ! Louis XVIII n'avait pas voulu reconnaître la légitimité du pouvoir des Cent-Jours ; il voulait qu'il ne restât rien des actes politiques de cette époque, et il faisait des actes de Gouvernement pour les détruire. Il a fait l'ordonnance du 16 juillet 1815, qui annulait les paiements faits à la famille Bonaparte en délégations sur le Trésor, et qui défendait au Trésor de payer. Il a fait l'ordonnance du 28 juillet 1815, qui refusait aux fonctionnaires des Cent-Jours l'arriéré de leurs traitements. Il a fait rendre enfin, le 12 janvier 1816, contre la famille Bonaparte, une loi qui l'excluait du territoire sous peine de mort, une loi qui déclarait confisqués ceux de ses biens de France qui lui appartenaient, non a titre patrimonial ou à titre d'acquisition, mais à titre gratuit.

C'étaient bien là des actes de Gouvernement ; oui, sans doute, parce qu'ils se fondaient sur un motif essentiellement gouvernemental; oui, sans doute, parce qu'ils n'agissaient que sur l'avenir, parce qu'ils ne prétendaient pas juger le passé!

Aussi, Messieurs, est-ce en ces termes que la question s'est posée devant vous lorsque les princes de la famille Bonaparte réclamèrent plus tard, et demandèrent notamment les arrérages de rentes échus avant leur expulsion de France. Vous avez dit alors : « Les actes qui vous ont frappés sont des actes de Gouvernement, » et il vous eût été bien difficile de ne pas le dire, car, d'abord, on s'était adressé au conseil des Ministres, et le conseil des Ministres avait rendu une décision motivée par laquelle il déclarait que c'étaient là des actes de Gouvernement, et que l'interprétation, par conséquent, n'en pouvait pas appartenir aux juridictions contentieuses ; et, de plus, les membres de la famille Bonaparte se présentaient devant vous en disant eux-mêmes : « Ce sont des actes de Gouvernement, » dans le but d'échapper aux déchéances que leur opposait le Ministre des finances.

« Cette cause, disaient-ils en 1838, n'est pas un litige ordinaire ; « née d'actes et de faits entièrement étrangers au droit civil, elle « échappe aux règles de ce droit établies pour des matières avec « lesquelles elle n'a rien de commun. »

Ainsi c'étaient les réclamants eux-mêmes qui venaient dire devant le Conseil d'Etat : « Nous n'invoquons pas le droit commun, nous invoquons le droit exceptionnel. Ce sont des actes de Gouvernement qui ont été faits contre nous. Nous vous demandons de les juger et de les appliquer comme tels. »

Vous n'avez donc fait qu'accueillir leurs propres prétentions en décidant que c'étaient là des actes de Gouvernement, ayant un caractère essentiellement politique ; et quand vous avez ajouté qu'il ne vous appartenait pas d'en connaître par la voie contentieuse, vous n'avez fait que déduire la conséquence du princ pe admis.

D'autres actes de Gouvernement ont encore été faits depuis contre les familles déchues. Il en a été fait un en 1832. C'est la loi du 10 avril.

Par cette loi était atteinte la branche aînée. Je ne dis pas que la famille Bonaparte était atteinte par cette loi, car elle n'était touchée qu'en ce sens qu'on supprimait contre ses membres la peine de mort, qui devait les frapper, d'après la loi de 1816, dans le cas où quelqu'un d'entre eux viendrait à mettre le pied sur le territoire. Voilà, à l'égard de la famille Bonaparte, ce que faisait la loi de 1832. Mais, à l'égard de la branche aînée, il y avait d'autres dispositions : il y avait l'obligation de vendre ses biens dans un délai déterminé.

Une question s'est élevée, je vous l'ai déjà dit, à propos de Chambord : il s'agissait de savoir si l'auteur de cet acte de Gouvernement, qu'on appelle la loi de 1832, avait entendu comprendre le domaine de Chambord dans les biens que la branche aînée serait obligée de vendre. La question est venue devant les tribunaux, — Aucun conflit n'a été élevé. — Les tribunaux ont jugé, et nous avons vu tout-à-l'heure que l'affaire est arrivée jusqu'en Cassation.

Le séquestre de 1848 a encore été un acte de Gouvernement.

Enfin, un dernier acte de cette nature est encore sous vos yeux : c'est le premier des deux décrets du 22 janvier 1852, ce décret qui ordonne aux Princes d'Orléans de vendre leurs biens dans l'année, mais qui fonde cet ordre sur de hautes considérations politiques et sur d'impérieuses nécessités ! !

Voilà de véritables actes de Gouvernement.

Ils déclarent nettement ce qu'ils veulent ; ils prennent les biens dans l'état où ils sont, les uns en ordonnent la vente, les autres les confisquent pour l'avenir sans s'occuper du passé.

Mais ici sommes-nous en présence d'un acte de Gouvernement ? — Que veut le décret ? A-t-il entendu, comme le prétend le conflit, attribuer les biens au domaine quand bien même les membres de la famille d'Orléans en auraient été, jusqu'à la veille du décret, légitimes propriétaires ?

Ah ! Messieurs, je ferme le décret et, avant de le lire, j'ai le droit de dire : Non ! non, il n'a pu avoir cette pensée, car toute la politique du Président repousserait cette interprétation.

Eh quoi ! est-ce que le coup d'Etat du 2 décembre a une autre raison d'être, que les menaces adressées à la propriété? Est-ce que ce n'est pas au nom de la propriété menacée qu'il a été fait? Est-ce que parmi ces principes immortels de 1789, que le premier article de la Constitution reconnaît et proclame, ne figure pas au premier rang l'inviolabilité de la propriété? Est-ce qu'il n'y a pas un Sénat institué pour défendre la promulgation des lois qui porteraient atteinte à la propriété?

Voilà, Messieurs, la politique du Gouvernement; il nous est impossible, même avant de lire le décret, d'admettre que jamais le chef de l'Etat qui a écrit ces principes dans la Constitution, qui a fait l'acte du 2 décembre au nom de la propriété menacée, il nous est impossible d'admettre que jamais il ait eu dans son décret la pensée de porter atteinte à une propriété privée !

Non, ce n'est pas possible. Sa politique tout entière proteste contre cette interprétation !

Mais lisons le décret, si l'on veut, et nous allons voir éclater à chacune de ses lignes la pensée de son auteur. Va-t-il, comme dans le 1er décret du 22 janvier, invoquer l'intérêt politique? Non, et, dès son premier mot, c'est sous l'invocation du droit qu'il va placer son décret, en déclarant en tête, et par son premier motif, la pensée qui l'a dictée:

« Considérant, dit-il, que sans vouloir porter atteinte au droit de propriété dans la personne des princes de la famille d'Orléans..... »

Il ne veut pas porter atteinte au droit de propriété dans la personne des princes de la famille d'Orléans? Qu'est-ce à dire, si ce n'est qu'il n'entend pas confisquer, qu'il veut que si le droit de propriété était hier dans leurs mains, il y soit demain encore ? Voilà ce que déclare le premier article du décret; voilà précisée la pensée qui domine et inspire le chef de l'Etat.

Continuons:

« Considérant, dit le décret un peu plus loin, que les droits de l'Etat ainsi revendiqués, il restera encore à la famille d'Orléans, etc. »

Les droits de l'Etat ainsi revendiqués! Ainsi ce que le décret vient de faire, c'est une revendication! — Le chef de l'Etat réclame, comme tuteur, ce qu'il croit appartenir au domaine, mais il n'entend rien prendre pour le domaine de ce qui ne serait pas à lui.

Prend-on le dispositif du décret, on y retrouve la même idée :

Art. 1er. — « Les biens, meubles et immeubles qui sont l'objet de la donation faite, le 7 août 1830, par le roi Louis-Philippe, sont *restitués* au domaine de l'Etat. »

C'est une *restitution*, Messieurs, ce n'est pas une confiscation. On ne donne rien au domaine, on n'entend que lui rendre ce dont il aurait été dépouillé; et si, par conséquent, les biens n'appartenaient pas la veille au domaine de l'Etat, il n'aura rien à prendre aujourd'hui !

Ainsi le décret, dans chacune de ses dispositions, pour ainsi dire, vous crie qu'il n'est pas un acte de Gouvernement, un acte politique, qu'il n'est pas une confiscation !

Il vous le dit, et il faut le croire, Messieurs ; — car si le décret contenait une confiscation, il lui aurait donné de telles conséquences, qu'une pareille confiscation n'aurait pas d'exemple dans le passé. — Certes, ce serait déjà quelque chose de bien triste qu'une confiscation en 1852; mais ce nom, flétri par tous les publicistes, ce nom de confiscation, la mesure que suppose le conflit n'en serait même pas digne !

Ce serait une confiscation compliquée de rétroactivité, qui remonterait dans le passé pour y frapper un contrat, pour y supprimer une loi, pour y détruire des droits acquis sur la foi de cette loi, pour y anéantir des hypothèques, des droits de tiers, des acquisitions, des contrats de mariage, pour y briser, en un mot, tout ce que nous sommes habitués à considérer comme inviolable et sacré. Bien plus, ce serait une confiscation qui ne respecterait pas même les actes du pouvoir qui l'aurait faite, les lois et les contrats qui ont obtenu sa sanction !

Cette confiscation serait opérée subrepticement, en quelque sorte, en se désavouant elle-même; bien plus, en se cachant derrière un semblant de justice, en invoquant des droits anciens pour masquer un fait nouveau, en disant : « Vous avez pris ! » pour cacher le fond de sa pensée qui serait « Je vous prends ! »

Non, Messieurs, tout cela c'est de la calomnie, ce n'est pas là ce qu'a fait le chef de l'État; et, pour lui prêter de telles idées, le conflit n'a pas même l'excuse d'une équivoque, car il n'y a rien de plus précis, de plus ferme, de plus arrêté que la pensée que proclame le décret. Il ne veut pas porter atteinte au droit de propriété; si ce droit existait hier, il existera demain. Voilà sa règle. Mais il croit que le droit de la famille d'Orléans n'existait pas hier, et il ne veut pas qu'on dépouille le domaine. Voilà le mobile de l'acte de tutelle qu'il va faire.

Que le conflit regrette que le décret n'en ait pas dit davantage, cela lui est permis; mais qu'il ne change pas le décret. La politique (on l'a dit avec raison) a bien le droit de parler de ses besoins, elle n'a pas le droit de parler de ses regrets; elle ne peut pas après coup changer la nature d'un acte qu'elle a fait suivant ses inspirations du moment; cela surtout ne saurait appartenir à une autorité secondaire qui viendrait dénaturer l'acte après coup en présence de circonstances changées; changées peut-être précisément parce que la question, fort mal étudiée d'abord, aurait été mieux appréciée depuis.

Messieurs, au jour où le décret a été rédigé, quelqu'un était juge des intérêts politiques du moment, c'était le chef de l'État. Il a eu à examiner si, dans l'intérêt de sa politique, il valait mieux invoquer les principes du droit et de l'honnêteté que les nécessités politiques et la confiscation. Il pouvait choisir et il a fait son choix : il s'est décidé pour l'honnêteté et le droit. Ce choix-là est irrévocable; il n'appartient à personne d'en faire un autre aujourd'hui.

Pour dire autre chose que ce qu'a dit le Président, il faudrait un décret nouveau que personne sans doute n'aurait plus le pouvoir de faire, mais qu'à coup sûr vous ne ferez pas, vous, Messieurs; car la politique que vous substitueriez ainsi à la politique du Président ne serait pas la vôtre! Toujours votre jurisprudence a été favorable aux proscrits, toujours elle a été éminemment tutélaire et protectrice pour la propriété privée, à ce point que les tribunaux eux-mêmes à la garde desqeuls elle est confiée n'auraient rien pu faire pour elle au-delà de ce que vous avez fait.

Elle n'a donc rien à redouter de votre arrêt. Vous ne direz jamais que le décret contienne une confiscation.

Mais s'il n'est pas cela, qu'est-il donc?

Pour bien comprendre la portée de ce décret (qui est quelque chose de plus, je commence par le dire, qu'une revendication domaniale ordinaire), pour en bien comprendre la portée, il faut, Messieurs, se placer par la pensée dans la situation où s'est vu le chef de l'État au moment où il allait le rendre.

Il était convaincu qu'il existait encore une ancienne loi constitutionnelle de l'État, l'édit de 1566, par lequel le chancelier de Lhospital avait proclamé l'inaliénabilité du domaine. — Cette ancienne loi avait autrefois pour effet de frapper d'avance d'un vice radical les contrats, les lois, les arrêts du conseil, les édits, les lettres patentes, la chose jugée, tout ce que les rois enfin auraient pu entasser de précautions pour maintenir et consolider les dilapidations du domaine de l'État. Le Président croyait à l'existence de cette loi; il le dit dans son décret. La conséquence de cette croyance devait être à ses yeux qu'il avait le droit de reprendre les biens usurpés, sans tenir compte des donations, des contrats, des lois, de la chose jugée, qui auraient eu pour but de protéger une usurpation.

Il était de plus convaincu, il le déclare encore, que la dévolution de l'ancienne monarchie existait encore en 1830, qu'elle avait, par conséquent, attribué de plein droit au domaine de l'État les biens qui appartenaient alors à Louis-Philippe. — Il partait donc de cette pensée, qu'en 1830 il y avait eu usurpation faite sur le domaine par Louis-Philippe, au mépris de la loi de dévolution.

Il se dit alors : Je suis tuteur du domaine; dans la situation où je me trouve, n'ayant pas d'assemblée à côté de moi, dictateur et seul pouvoir existant, je suis dans la position où se trouvait autrefois Louis XIV lorsqu'il déclarait vouloir faire cesser une usurpation du domaine commise sous Louis XIII. Ce n'est pas seulement mon droit de faire cesser l'usurpation, c'est mon devoir.

Voilà de quels principes partait M. le Président de la République, et, avec cette idée qui est écrite dans chaque phrase du décret, toutes les dispositions qu'il renferme s'expliquent et se coordonnent.

Il signe son décret comme Louis XIV aurait signé le sien.

Il met la main sur la chose litigieuse. — S'il ne croyait pas l'ancien droit domanial subsistant encore, ce serait un abus de pouvoir. — Mais, au point de vue où il se place, il doit se croire le droit de se saisir provisoirement des domaines contestés. C'est, en effet, le principe le plus certain de l'ancienne jurisprudence, que le roi avait le droit de plaider *main garnie*, c'est-à-dire de prendre et de garder pendant le litige les biens qu'il croyait avoir été usurpés sur le domaine. A cet égard, il n'y a pas place pour un doute. Les textes de loi sont précis, la doctrine des auteurs est unanime.

L'art. 14 de l'ordonnance de 1566 porte en effet :

« Les saisies faites par réunion de notre domaine ne se lève- « ront par provision. » Le possessoire appartenait donc au roi pendant le litige, et Lorri sur Lefebvre de la Planche (t. 3, p. 303) explique en effet, que, lorsque le roi jadis revendiquait un domaine usurpé sur l'Etat, il avait le privilège, contrairement aux

règles ordinaires de la justice, « d'entrer en possession de la
« chose contentieuse dès le premier pas de la contestation qu'il
« formait aux particuliers. »

Ainsi voilà qui est positif. Si nous étions sous l'empire de la loi
constitutionnelle de 1566, il n'y aurait pas à hésiter : le droit du
chef de l'État serait d'avoir pour lui le possessoire, de garder le
bien pendant tout le temps que durerait le procès.—Il a donc
expliqué lui-même, en déclarant qu'à ses yeux la loi de l'inaliénabilité du domaine existait encore, sur quel principe il fondait
sa main-mise sur les biens litigieux.

Plus loin, nous rencontrons dans le décret des dispositions qui
affectent à de certains emplois les produits des biens. —
Prétendra-t-on trouver là la preuve que le décret entendait que
la prise des biens fût irrévocable et définitive? Mais dans les arrêts du conseil que nous avons eu l'occasion de vous rappeler
dans le cours de cette discussion, n'avons-nous pas vu plusieurs
fois le domaine ordonner pendant le litige la vente des biens litigieux, au risque d'être condamné plus tard à des dommages-in-
térêts envers le véritable propriétaire, si celui-ci gagne en définitive son procès?

Il y a, Messieurs, dans cette manière de vendre aux enchères
le champ sur lequel campe Annibal, quelque chose qui séduit les
esprits auxquels un peu d'aventure ne déplaît pas. La loi, d'ailleurs, n'autorise-t-elle pas cette manière aventureuse de procéder
lorsqu'elle déclare certains jugements exécutoires par provision,
nonobstant appel? — Tous les arrêts civils ne sont-ils pas exécutoires par provision, nonobstant pourvoi en cassation? — En
usant de cette faculté à ses risques et périls, on ne prouve
qu'une chose, c'est qu'on se croit sûr de son droit.

Tout s'explique donc dans le décret, dès qu'on admet que le
Président, croyant être encore (il le déclare) en présence de la
législation qui régissait le Domaine sous Louis XIV, croit aussi
avoir à faire sur un bien usurpé l'acte de tutelle que Louis XIV
aurait pu faire.

Maintenant le tuteur s'est-il trompé? cette loi constitutionnelle qu'il croyait existante encore, n'existe-t-elle plus? l'inaliénabilité du Domaine a-t-elle été expressément supprimée par
l'article 8 de la loi du 22 novembre 1790, et ne devait-elle pas
l'être en effet du jour où le principe électif, s'introduisant dans
notre législation, donnait pour défenseur au Domaine le pays
lui-même ; du jour où le principe des Listes civiles, s'introduisant dans le droit politique, séparait l'un de l'autre le Domaine de
l'État et le Domaine de la couronne autrefois confondus ? — Par
suite, le Pouvoir législatif, en 1832, n'aurait-il pas pu donner au
Roi un bien du Domaine, et par suite aussi n'a-t-il pas pu, à plus
forte raison, ne lui rien prendre et lui laisser son patrimoine?
Enfin, l'ancienne loi constitutionnelle de l'inaliénabilité du Domaine n'a-t-elle pas, en disparaissant, emporté avec elle le pouvoir que le Président croyait tenir d'elle d'anéantir comme en-
tachés, viciés dans leur principe, les contrats, les jugements, les
lois mêmes que ses prédécesseurs auraient eu la prétention de
faire pour consolider une dilapidation du Domaine? — C'est là
le fond, Messieurs ; l'autorité compétente le dira, et notre con-
viction est qu'il n'a pas été dans l'intention du Président de
trancher cette question lui-même.

Le conflit lui fait dire : « Je veux confisquer le patrimoine de
« la maison d'Orléans ; — mais je veux confisquer sans le
« dire ; — je veux confisquer en paraissant ne faire que justice,
« et s'il faut pour cela remonter dans le passé, anéantir des
« pactes de famille, des contrats de mariage, des droits de tiers,
« des lois régulièrement promulguées, des lois faites par moi-
« même, je le fais! »

Nous prêtons, nous, au Président, un autre langage : « Je
« suis tuteur de l'État, vous dirait-il ; — j'ai cru à l'existence
« d'une loi qui, en 1830, aurait obligé Louis-Philippe à donner
« son patrimoine à l'État. La donation de ce patrimoine par
« Louis-Philippe à ses enfants m'a paru par suite une usurpa-
« tion sur le Domaine de l'État. — Mon droit, dès lors, et plus

« que mon droit, mon devoir était de réprimer cette usurpation,
« et de ressaisir, en quelques mains qu'il fût, un bien que je
« considérais comme domanial. Je l'ai fait. Me suis-je trompé?
« — C'est possible, je ne suis pas plus infaillible que tout autre
« tuteur. — Mais si je me suis trompé, le juge compétent le
« dira. — Si la famille d'Orléans était, la veille de mon décret,
« propriétaire légitime de ces biens, j'entends qu'elle ne cesse
« pas de l'être, comme j'entends aussi, s'ils appartenaient au
« Domaine, ne rien sacrifier de ses droits. »

Quel est le plus noble langage, Messieurs, de celui-là ou de
celui que le conflit prête au Président? Quel est le plus digne
d'un chef d'État? C'est après tout, Messieurs, celui que tenait
Louis XIV, car, quand il revendiquait un Domaine usurpé et
commençait par s'en saisir, il ne préjugeait rien, par là, sur
la question du fond, qu'il laissait à juger à l'autorité judiciaire.
— Les anciens auteurs que nous citions tout-à-l'heure ne laissent
à cet égard aucun doute. La compétence judiciaire résultait
d'ailleurs de l'article 2 de l'ordonnance de décembre 1520 et
de l'édit d'avril 1627, et Merlin, qui, dans son Répertoire (v° Domaine public, page 770), expose toute cette législation, la résume
par ces mots :

« Les bureaux de finances ayant été supprimés par la loi
« du 7-12 septembre 1790, les causes domaniales se sont ran-
« gées tout naturellement sous la juridiction des tribunaux or-
« dinaires qui ont remplacé les bailliages. »

La juridiction compétente aujourd'hui est donc celle qui aurait
été compétente pour statuer sur une revendication de Louis XIV;
— c'est l'autorité judiciaire.

Nous avons dit, Messieurs, quelle est pour nous la pensée du
décret. — A nos yeux, elle est claire. — Il n'a confisqué, ni dans le
passé, ni dans l'avenir. — Dans le passé, parce qu'il ne l'aurait pas
pu; dans le passé et dans l'avenir, parce qu'il ne l'a pas voulu. La

politique tout entière du Président, les déclarations réitérées de
son décret lui-même, les conséquences exorbitantes de l'interprétation contraire, tout à nos yeux proteste contre cette pensée d'une
confiscation.

Mais enfin voulez-vous qu'il y ait un doute? — Ne trouvez-
vous pas cette pensée assez claire? — Hésitez-vous sur l'intention réelle du Président? — Eh bien, soit ! Ne tranchez que celle
des deux questions dont la solution est indépendante de son intention. Renvoyez aux tribunaux seulement la question du passé!
Qu'ils soient chargés seulement de dire qui était propriétaire la
veille du décret; et, dans l'hypothèse où ils se prononceraient en
faveur des princes d'Orléans, réservez au Président le droit de
dire lui-même sa pensée sur l'avenir, et de déclarer si cette propriété, légitime entre leurs mains la veille du décret, il a entendu
la leur laisser ou la leur prendre.

Voilà une transaction qui ne coûte rien à l'honneur de la famille de Louis-Philippe, et qui semble digne de la loyauté du
Président, puisque c'est à cette loyauté que vous remettriez la décision définitive.

Voulez-vous plus encore? Nous avons dit que l'avenir est livré
aux actes de Gouvernement. Dites que le décret, en statuant sur le
possessoire, a encore fait acte de Gouvernement, soit; ce sera par
des considérations politiques que le Président aura été amené a
mettre la main sur le domaine et à ne pas vouloir que, pendant
le litige, il restât aux mains des enfants d'Orléans ; ce sera dans
un intérêt gouvernemental, qu'au moment où il leur ordonnait
de vendre leurs biens le Président n'aura pas voulu leur permettre de réaliser, par la vente des biens litigieux, une somme
qu'il croyait beaucoup plus considérable qu'elle ne l'était, et de
le laisser en outre, lui, tuteur du domaine en présence de tiers

acquéreurs contre lesquels il aurait ensuite bien plus de peine à faire valoir les droits de l'Etat !

Soit, Messieurs, défendez encore aux tribunaux de nous remettre immédiatement en possession, sans attendre la fin du litige ! — Mais laissez-leur le passé ! Laissez-nous des juges pour le litige qui porte sur la période de temps écoulée de 1830 à 1852 ! C'est là qu'est pour nous et pour le Pouvoir la question d'honneur, et, sur ce domaine, la politique n'a pas le droit de mettre le pied !

Ce n'est pas à vous, Messieurs, que nous avons besoin de dire tout ce qu'il y a de litiges possibles derrière le litige dont vous êtes en ce moment saisis. Vous avez su prévoir toutes les conséquences du principe exceptionnel qu'on vous demande de poser. — Vainement vous dirait-on que vous n'avez pas, quant à présent, à vous préoccuper des droits des tiers, des acquéreurs, des créanciers hypothécaires ; que la question, quant à eux, n'est pas soulevée encore, et que, si elle l'est plus tard, il sera temps alors pour vous de l'examiner. — Non, Messieurs ; — c'est dès aujourd'hui, c'est au moment de poser le principe que vous devez songer aux intérêts des tiers. La question des tiers ne peut pas ne pas naître, et elle soulèvera d'inévitables questions préjudicielles, qui viendront l'une après l'autre vous demander une solution. C'est avant de poser le principe qu'il y faut songer.

Votre décision, Messieurs, va faire avancer ou reculer notre droit politique. Les révolutions ont, comme la guerre, leur droit public. Il se compose de précédents que ce siècle, hélas ! n'a fournis qu'en trop grand nombre ! —Ce droit va sans cesse avançant dans les voies de la civilisation comme le droit ordinaire. — Autrefois, l'enjeu perdu par les rois tombés, c'était leur tête. — Plus tard, ce n'étaient plus que leur liberté, leur patrie et leur fortune. Plus tard encore, on ne leur imposait plus que l'exil et l'obligation de vendre leurs biens de France. — Enfin, et tout près de nous (il faut le dire à l'honneur de la République de 1848), le Gouvernement nouveau se contentait d'un séquestre bientôt levé.

Il semblait que la civilisation eût fait quelques conquêtes sur ce domaine du droit révolutionnaire ! — Votre arrêt va-t-il faire reculer les conquêtes de la civilisation ? — Va-t-il, en 1852, ressusciter la confiscation et créer la confiscation rétroactive ? — Il y a là une pensée faite pour préoccuper des hommes politiques tels que vous.

Messieurs, nous avons, dans le cours de cette plaidoirie, rencontré bien des précédents, soit pour les invoquer, soit pour les combattre. Qu'il nous soit permis, en terminant, d'en rappeler un duquel peut ressortir une utile leçon.

M. de Turin était président au Parlement de Paris, du temps d'Henri IV. Le duc de Bouillon avait un procès pendant au Parlement. — Henri IV fit appeler M. de Turin. — J'ai, lui dit-il, des raisons politiques pour vouloir que le duc de Bouillon gagne son procès; j'y tiens, je le veux ! — M. de Turin lui répondit : — « Sire, la chose est simple, je vais vous envoyer les pièces et vous jugerez vous-même. » — Henri IV, Messieurs, avait une vivacité de caractère qui l'entraînait quelquefois hors du droit chemin ; mais il avait une droiture naturelle qui l'y ramenait toujours.— Henri IV comprit la leçon que contenait l'offre de M. de Turin ; il comprit qu'il n'y a plus de juge quand le pouvoir politique se fait juge. Il laissa juger l'affaire au Parlement, et j'ignore si M. de Bouillon gagna son procès.

Messieurs, vous ne ferez pas au pouvoir politique l'offre ironique que lui faisait M. de Turin; mais vous renoncerez en son nom, à l'exemple d'Henri IV, à peser sur la justice. C'est là, en définitive, tout ce que nous vous demandons.

Imprimé par Henri et Charles Noblet, rue Saint-Dominique, 56.